MA VERSION DU POULET CRUDITÉ

MA VERSiON DU POULET CRUDiTÉ

Préparation : 15 min Cuisson : 6 min

INGRÉDIENTS POUR 1 SANDWICH

LE POULET
1 suprême de poulet
2 c. à s. de mayonnaise
½ citron jaune

LE MONTAGE
1 tomate
½ avocat
1 baguette tradition au sésame
Quelques feuilles de salade
Quelques tomates séchées
Quelques lamelles d'oignon rouge

RÉALISATION

LE POULET
Faites frémir une casserole d'eau avec une pincée de sel et une pincée de poivre puis plongez-y le poulet pendant 6 min pour le pocher.

Refroidissez le poulet dans de l'eau glacée puis effilochez-le à l'aide d'une fourchette. Mélangez-le avec la mayonnaise et le jus du citron. Réservez au frais.

LE MONTAGE DU SANDWICH
Taillez la tomate en tranches. Pelez l'avocat, retirez le noyau et taillez la chair en tranches.

Ouvrez la baguette en deux et déposez des feuilles de salade à l'intérieur. Intercalez dessus des tranches de tomate et d'avocat.

Ajoutez des tomates confites puis le mélange au poulet. Terminez avec quelques lamelles d'oignon puis dégustez.

PULLED PORK VEGGIE BURGER

PULLED PORK VEGGIE BURGER

Préparation : 40 min Cuisson : 1 h Repos : 1 nuit

INGRÉDIENTS POUR 4 BURGERS

LES PICKLES D'OIGNON ROUGE

1 oignon rouge
25 cl de vinaigre de cidre
12,5 cl de vinaigre de vin rouge
50 g de sucre

LES PULLED MUSHROOMS

500 g de pleurotes du panicaut
2 c. à s. d'huile
1 c. à s. de paprika fumé
1 c. à c. de romarin séché
1 c. à c. d'ail en poudre
1 c. à s. de sauce barbecue

LA CRÈME D'AVOCAT

1 avocat
1 échalote
1 c. à s. de crème liquide
Jus de citron
Coriandre

LE MONTAGE

¼ de chou rouge
½ concombre
4 pains à burger
4 tranches de cheddar
Mayonnaise

RÉALISATION

LES PICKLES D'OIGNON ROUGE

La veille, taillez l'oignon en fines lamelles. Portez à ébullition les vinaigres et le sucre. Remuez pour dissoudre le sucre puis sortez du feu. Ajoutez les lamelles d'oignon et poivrez. Laissez refroidir puis versez dans un pot. Vous pouvez les conserver 1 mois au réfrigérateur.

LES PULLED MUSHROOMS

Effilochez les pleurotes en les grattant à la fourchette, du chapeau vers le bas du pied. Faites colorer à la poêle cet effiloché dans un filet d'huile pendant 15 min en remuant régulièrement. Salez, ajoutez du paprika, du romarin, de l'ail, de la sauce barbecue et du poivre puis versez 25 cl d'eau. Laissez cuire jusqu'à ce que l'eau soit évaporée.

LA CRÈME D'AVOCAT

Pelez et retirez le noyau de l'avocat. Épluchez et émincez l'échalote. Mixez l'ensemble avec la crème liquide, du jus de citron et la coriandre.

LE MONTAGE DES BURGERS

Émincez le chou rouge et mélangez-le avec de la mayonnaise. Taillez des tranches de concombre très fines à la mandoline. Ouvrez les pains à burger et faites-les griller à la poêle côté mie sans matière grasse. Étalez sur la moitié du bas de la sauce barbecue, de la crème d'avocat et du chou rouge à la mayonnaise. Ajoutez des pleurotes et déposez 1 tranche de cheddar dessus. Faites-la fondre au chalumeau. Placez par-dessus des pickles d'oignon rouge et quelques tranches de concombre. Étalez de la sauce barbecue sur les moitiés restantes des pains à burger puis refermez et dégustez.

PULPO MOLLETE

PULPO MOLLETE

Préparation : 25 min Cuisson : 15 min

INGRÉDIENTS POUR 2 SANDWICHS

L'AÏOLI
3 gousses d'ail
1 pincée de sel
1 tour de moulin à poivre
5 cl de lait
1 c. à s. d'huile d'olive
10 cl d'huile de tournesol

LE PICO DE GALLO
½ oignon rouge
1 tomate
Quelques feuilles de persil
1 citron
Huile d'olive

LE POULPE ET LE MONTAGE
150 g de tentacules de poulpe déjà cuits
100 g de farine
1 pain mollete (voir fiche recette « Pain mollete »)

RÉALISATION

L'AÏOLI
Pelez les gousses d'ail puis mixez tous les ingrédients de l'aïoli ensemble. L'aïoli doit se solidifier une fois mixé, réservez au frais.

LE PICO DE GALLO
Émincez l'oignon rouge et découpez la tomate en petits morceaux. Ciselez le persil et mélangez-le avec ces ingrédients, rajoutez un filet d'huile d'olive, le jus du citron, salez et poivrez pour obtenir une sauce.

LE POULPE
Roulez les tentacules de poulpe dans la farine puis faites-les griller à la poêle avec un filet d'huile d'olive et réservez.

LE MONTAGE DES SANDWICHS
Préchauffez le four à 160 °C et placez le pain 2 min dedans pour le tiédir.
Ouvrez le pain en deux, étalez 1 c. à s. d'aïoli à l'intérieur, garnissez avec les tentacules de poulpe grillés puis ajoutez le pico de gallo dessus.

SALMON BURGER

SALMON BURGER

Préparation : 20 min Cuisson : 2 min

INGRÉDIENTS POUR 1 BURGER

LA SAUCE AU YAOURT

¼ de concombre
1 pot de yaourt à la grecque
Jus de citron

LE SAUMON FRIT

1 pavé de saumon d'environ 130 g
1 œuf
Farine
Chapelure
Huile de friture

LE MONTAGE

1 pain à burger
½ avocat
1 feuille de laitue
½ oignon rouge
1 poignée de pousses d'épinard

RÉALISATION

LA SAUCE AU YAOURT

Taillez le concombre en cubes très fins puis mélangez-le avec le yaourt, du jus de citron, du sel et du poivre.

LE SAUMON FRIT

Filmez le pavé de saumon et attendrissez-le légèrement en tapant dessus avec un rouleau à pâtisserie.

Chauffez l'huile de friture à 150 °C dans une poêle à bords hauts.

Farinez le saumon puis passez-le dans l'œuf battu et dans la chapelure. Plongez-le dans l'huile de friture très chaude pendant 2 min et réservez sur du papier absorbant.

LE MONTAGE DU BURGER

Ouvrez le pain à burger en deux, badigeonnez les 2 moitiés avec de la sauce. Taillez l'avocat en fines lamelles et déposez-les sur la tranche du bas, ajoutez la feuille de laitue par-dessus. Pelez et taillez l'oignon en fines rondelles.

Posez le pavé de saumon sur la laitue, recouvrez avec les pousses d'épinard et 2 rondelles d'oignon. Refermez avec le haut du pain puis dégustez.

SANDWICH AUBERGINE PESTO COURGETTE CHÈVRE FRAIS

SANDWICH AUBERGINE PESTO COURGETTE CHÈVRE FRAIS

Préparation : 20 min Cuisson : 10 min

INGRÉDIENTS POUR 2 SANDWICHS

LE PESTO DE COURGETTE

1 courgette
10 feuilles de basilic
1 c. à c. d'huile d'olive
1 c. à c. de pignons de pin
½ gousse d'ail
1 noix de parmesan

L'AUBERGINE ET LE MONTAGE

1 aubergine
2 parts de focaccia
100 g de fromage de chèvre frais
Huile d'olive

RÉALISATION

LE PESTO DE COURGETTE

Lavez la courgette et coupez-la en deux dans la longueur. Avec une cuillère à soupe, retirez le cœur tendre et clair de la courgette (qui contient les pépins). Taillez le reste de la courgette en dés. Mixez ces dés avec le reste des ingrédients du pesto.

L'AUBERGINE

Coupez l'aubergine en deux dans la largeur puis taillez chaque moitié en tranches fines dans la longueur. Faites chauffer de l'huile d'olive dans une poêle et faites colorer les tranches d'aubergine pendant 10 min, jusqu'à ce qu'elles soient fondantes.

LE MONTAGE DES SANDWICHS

Ouvrez les parts de focaccia en deux dans l'épaisseur puis tartinez chaque moitié avec le pesto. Répartissez le fromage de chèvre sur les 2 tranches de focaccia du bas, salez, poivrez et placez dessus des tranches d'aubergine. Versez un filet d'huile d'olive par-dessus et refermez les sandwichs.

SANDWICH MYRTILLE, CRÈME FOUETTÉE

SANDWICH MYRTILLE, CRÈME FOUETTÉE

Préparation : 1 h Cuisson : 20 min Repos : 2 h

INGRÉDIENTS POUR 1 SANDWICH

LA CONFITURE DE MYRTILLES

1 kg de myrtilles
425 g de sucre en poudre
1 gousse de vanille
Le jus de 1 citron

LA CRÈME FOUETTÉE

50 g de crème liquide entière
50 g de mascarpone
10 g de sucre glace

LE MONTAGE

2 tranches de pain au levain
Beurre

RÉALISATION

LA CONFITURE DE MYRTILLES

Rincez, séchez et équeutez les myrtilles.
Mélangez le sucre avec 20 cl d'eau dans une grande casserole. Portez à ébullition jusqu'à la formation de grosses bulles et que le sucre ait complètement fondu.
Ajoutez les myrtilles, la vanille et le jus de citron et laissez cuire 12 à 15 min.
Pour savoir si la cuisson est terminée, versez quelques gouttes de confiture sur une assiette et inclinez-la, la confiture doit couler lentement en accrochant à l'assiette.
Versez la confiture dans des pots, refermez puis retournez-les pendant 1 min. Remettez-les à l'endroit et laissez refroidir au moins 2 h.

LA CRÈME FOUETTÉE

Placez au préalable un saladier et un fouet au congélateur pendant 20 min.
Versez la crème et le mascarpone dans le saladier sorti du congélateur et commencez à fouetter avec le fouet froid. Quand le mélange épaissit et commence à buller, ajoutez le sucre glace. Fouettez à nouveau jusqu'à ce qu'il ait une consistance épaisse et qu'il ne tombe pas du bol quand on le retourne.

LE MONTAGE DU SANDWICH

Faites fondre une noix de beurre dans une poêle et faites griller les tranches de pain des 2 côtés jusqu'à ce qu'elles soient bien dorées.
Étalez une couche de crème fouettée sur une tranche, ajoutez 1 c. à s. de confiture de myrtilles dessus puis recouvrez avec une nouvelle couche de crème fouettée. Refermez avec l'autre tranche de pain et dégustez.

SMASHED SOUBRESSADE STEAK BURGER

SMASHED SOUBRESSADE STEAK BURGER

Préparation : 20 min Cuisson : 16 min

INGRÉDIENTS POUR 1 BURGER

2 oignons
100 g de soubressade
150 g de bœuf haché
2 tranches de cheddar
2 c. à s. de mayonnaise
1 c. à s. de ketchup
Quelques gouttes de Tabasco®
1 pain à burger
2 feuilles de laitue
Quelques pickles de concombre (facultatif)
Huile de tournesol

RÉALISATION

LA VIANDE

Hachez les oignons et retirez la peau de la soubressade. Mélangez le bœuf, la soubressade et l'équivalent d'un demi-oignon haché, salez et poivrez. Formez 2 boules avec le mélange.

LES OIGNONS

Faites revenir le reste des oignons dans une poêle avec un filet d'huile à feu doux, sans coloration, puis réservez.

LA CUISSON

Remettez un filet d'huile dans la poêle puis chauffez à feu vif. Déposez les boules de viande dedans, placez un peu de papier sulfurisé sur chacune puis aplatissez-les avec une petite casserole. Faites cuire 3 min puis retournez les steaks. Coupez le feu et déposez 1 tranche de cheddar sur chaque steak. Couvrez la poêle et attendez 3 min que le fromage fonde sur la viande.

LE MONTAGE DU BURGER

Mélangez la mayonnaise, le ketchup et le Tabasco® et placez 1 c. à s. du mélange sur la face du bas du pain à burger ouvert en deux. Placez 1 feuille de salade dessus, 1 steak et les oignons caramélisés. Déposez ensuite la deuxième feuille de salade, le deuxième steak puis le reste de sauce.

Ajoutez quelques pickles puis refermez et dégustez.

SPiCY MEETBALLS

SPICY MEATBALLS

Préparation : 30 min Cuisson : 1 h 20

INGRÉDIENTS POUR 2 SANDWICHS

LA SAUCE

2 gousses d'ail
1 piment rouge
400 g de coulis de tomates
3 cl d'huile d'olive
1 c. à c. d'origan séché
1 verre d'eau
Sel et poivre

LES BOULETTES

2 gousses d'ail
½ oignon
1 c. à s. de persil
250 g de bœuf haché
1 œuf
50 g de parmesan râpé
1 c. à s. de chapelure
1 pincée de piment d'Espelette
Sel et poivre
Huile d'olive

LE MONTAGE

2 pains longs briochés
4 tranches de gouda
1 c. à c. de ciboulette
Huile d'olive

RÉALISATION

LA SAUCE

Hachez les gousses d'ail et le piment puis versez avec tous les ingrédients de la sauce dans une casserole et laissez mijoter à feu doux pendant au moins 1 h en mélangeant constamment et en rajoutant un peu d'eau au fur et à mesure si le mélange devient trop sec.

LES BOULETTES

Hachez l'ail, émincez l'oignon et ciselez le persil. Mélangez à la main tous les ingrédients des boulettes et formez des boulettes (pas trop grosses pour qu'elles rentrent facilement dans le sandwich). Faites colorer les boulettes à la poêle dans un filet d'huile d'olive puis placez-les dans la casserole de sauce et laissez mijoter 10 min à feu doux à couvert.

LE MONTAGE DES SANDWICHS

Préchauffez le four à 180 °C. Ouvrez les pains en deux dans la longueur et déposez 1 tranche de gouda sur chaque face. Enfournez 2 min pour faire fondre le fromage. À la sortie du four, garnissez les sandwichs avec les boulettes et un peu de sauce, parsemez de ciboulette ciselée.

SPICY PROVOLONE

SPICY PROVOLONE

Préparation : 15 min Cuisson : 15 min

INGRÉDIENTS POUR 2 SANDWICHS

1 oignon rouge
1 piment frais (rouge ou vert selon préférence)
250 g de bavette de bœuf
1 c. à c. de paprika fumé
4 tranches fines de provolone ou d'emmental
2 petites baguettes (briochées si possible, comme un pain à hot-dog)
2 c. à c. d'oignons frits
Huile de tournesol

RÉALISATION

Hachez l'oignon grossièrement, émincez le piment et découpez la bavette en fines tranches.

Dans une poêle très chaude avec un filet d'huile de tournesol, faites cuire à feu doux les oignons et le piment jusqu'à ce qu'ils deviennent translucides. Ajoutez le paprika et les tranches de bavette. Augmentez le feu, salez, poivrez et laissez cuire la viande en remuant régulièrement pendant 4 à 5 min.

Coupez le feu, ajoutez les tranches de provolone sur la viande aux oignons et couvrez la poêle pour laisser fondre le fromage.

Ouvrez les pains dans la longueur et garnissez-les de 3 belles cuillères de la préparation.

Ajoutez une pincée d'oignons frits par-dessus et dégustez.

STEAK TARTARE CLUB SANDWICH

STEAK TARTARE CLUB SANDWICH

Préparation : 30 min Repos : 12 h

INGRÉDIENTS POUR 2 SANDWICHS

LES OIGNONS PICKLES

1 oignon rouge
10 cl de vinaigre blanc
10 cl d'eau
50 g de sucre

LE TARTARE

300 g de rumsteck de bœuf coupé au couteau
1 échalote
1 c. à s. de moutarde à l'ancienne
1 c. à c. de vinaigre de vin
1 c. à s. d'huile d'olive
1 c. à s. de ciboulette ciselée
1 c. à s. de cornichons hachés
Quelques gouttes de Tabasco®
Quelques gouttes de sauce Worcestershire

LE MONTAGE

2 salades sucrines
100 g de pommes paille cuites
4 tranches de pain de mie épais
Huile d'olive

RÉALISATION

LES OIGNONS PICKLES

Coupez l'oignon rouge en deux puis taillez en tranches fines et séparez les lamelles. Placez-les dans un pot en verre. Faites chauffer dans une casserole le vinaigre, l'eau et le sucre et versez ce mélange bien chaud sur les oignons rouges. Fermez le pot et réservez au frais au minimum 12 h.

LE TARTARE

Mélangez tous les ingrédients du tartare, salez et poivrez à votre convenance.

LE MONTAGE DES SANDWICHS

Émincez les sucrines finement pour avoir des fines dentelles de salade et laissez-les tremper 10 min dans une eau glacée puis essorez.

Déposez une petite poignée de pommes paille sur 2 tranches de pain, répartissez le tartare par-dessus puis recouvrez de dentelle de sucrine et de pickles d'oignons rouges. Refermez avec les autres tranches de pain de mie.

Poêlez délicatement les 2 faces de pain de mie du sandwich sur une poêle chaude avec un filet d'huile d'olive pour les rendre croustillantes. Retirez la croûte puis coupez les sandwichs en deux en diagonale. Dégustez aussitôt.

TUNA BUN

TUNA BUN

Préparation : 15 min

INGRÉDIENTS POUR 4 PETITS SANDWICHS

LA MAYONNAISE ÉPICÉE

100 g de mayonnaise
1 c. à s. de sauce sriracha

LE TARTARE DE THON

10 feuilles de coriandre
½ oignon rouge
200 g de thon rouge frais taillé en petits morceaux (comme un tartare)
1 citron vert
1 pincée de piment d'Espelette
Huile d'olive

LE MONTAGE

1 avocat
4 buns de pain noir (voir fiche recette « Pain bun noir »)
2 pincées de graines de sésame

RÉALISATION

LA MAYONNAISE ÉPICÉE

Mélangez la mayonnaise avec la sauce sriracha puis réservez.

LE TARTARE DE THON

Ciselez quelques feuilles de coriandre (gardez-en quelques-unes pour le dressage) et émincez l'oignon rouge.

Mélangez délicatement à la cuillère avec le thon rouge, le zeste du citron vert et quelques gouttes de son jus, le piment d'Espelette ainsi qu'un filet d'huile d'olive, du sel et du poivre.

LE MONTAGE DES SANDWICHS

Pelez l'avocat, retirez le noyau et taillez-le en tranches fines.

Ouvrez les pains en deux, étalez la mayonnaise épicée sur chaque face, déposez des tranches d'avocat dessus puis ajoutez le tartare de thon rouge à l'intérieur.

Placez quelques feuilles de coriandre par-dessus et parsemez de graines de sésame.

LOADED FRIES BAGUETTE

LOADED FRIES BAGUETTE

Préparation : 30 min Cuisson : 20 min

INGRÉDIENTS POUR 4 SANDWICHS

LES FRITES
500 g de pommes de terre (des Bintje, par exemple)
Huile de friture

LA SAUCE FROMAGÈRE
250 g de crème liquide
100 g de cheddar
100 g de fromage à raclette

LA VIANDE ET LE MONTAGE
1 oignon
250 g de viande hachée
2 baguettes de pain
Jalapeños en boîte

RÉALISATION

LES FRITES
Pelez les pommes de terre et taillez-les en bâtonnets. Chauffez l'huile de friture dans une poêle à bords hauts à 150 °C. Plongez les frites 5 min dans l'huile puis égouttez-les. Laissez refroidir 10 min puis chauffez à nouveau l'huile à 180 °C et plongez les frites 5 min dedans. Égouttez.

LA SAUCE FROMAGÈRE
Faites chauffer la crème à feu doux dans une casserole. Ajoutez le cheddar et le fromage à raclette coupé en morceaux et salez. Une fois le fromage fondu, mixez le tout pour obtenir une sauce onctueuse puis réservez.

LA VIANDE
Émincez l'oignon et faites-le colorer dans une poêle. Ajoutez la viande hachée, salez et faites revenir jusqu'à coloration de la viande.

LE MONTAGE DES SANDWICHS
Dans un saladier, mélangez les frites, la sauce fromagère et la viande hachée.

Coupez les baguettes en deux dans la largeur puis ouvrez en deux chaque moitié dans la longueur. Garnissez les sandwichs avec le mélange aux frites. Tranchez quelques jalapeños et ajoutez-les par-dessus avant de refermer et déguster.

LOBSTER ROLLS MAYO SRİRACHA

LOBSTER ROLLS MAYO SRİRASHA

Préparation : 30 min Cuisson : 10 min

INGRÉDIENTS POUR 4 PETITS PAINS

LE HOMARD

1 homard (de préférence vivant)
150 g de mayonnaise
½ citron jaune
1 c. à s. d'aneth
Piment d'Espelette

LE PAIN ET LE MONTAGE

4 petites boules de pain brioché
50 g de beurre
1 c. à s. de sauce sriracha
1 c. à s. de ciboulette

RÉALISATION

LE HOMARD

Faites une entaille d'un coup sec, entre les yeux du homard. Détachez les pinces et la queue du homard. Portez une casserole d'eau salée à ébullition. Plongez-y les pinces 5 min et la queue 3 min. Refroidissez immédiatement après dans de l'eau glacée pour stopper la cuisson.

Décortiquez les pinces et la queue pour récupérer la chair puis taillez-la en morceaux.

Mélangez délicatement à la cuillère avec 100 g de mayonnaise, le jus du citron, l'aneth ciselé, une pincée de piment d'Espelette, du sel et du poivre.

LE PAIN

Taillez les 2 extrémités opposées des boules de pain pour obtenir un pain plus allongé avec 2 faces ouvertes sur les côtés.

Faites fondre le beurre à la poêle et colorez dedans ces 2 faces. Ouvrez les pains dans la longueur sans les couper en deux complètement.

LE MONTAGE DES SANDWICHS

Garnissez les pains avec le homard assaisonné. Mélangez la mayonnaise restante avec la sauce sriracha. Placez le mélange dans une poche à douille puis déposez-en sur les sandwichs. Parsemez de ciboulette ciselée, de piment d'Espelette et de brins d'aneth puis dégustez.

COMME MA TARTINE PRÉFÉRÉE

COMME MA TARTİNE PRÉFÉRÉE

Préparation : 1 h Cuisson : 30 min Repos : 1 nuit

INGRÉDIENTS POUR 4 TARTINES

LE BEURRE SALÉ
1 L de crème entière à 35 % de MG
10 g de fleur de sel

LA CONFITURE D'ABRICOTS AU ROMARIN
1,2 kg d'abricots
700 g de sucre
1 citron
1 branche de romarin

LE MONTAGE
1 baguette

RÉALISATION

LE BEURRE SALÉ
La veille, fouettez lentement la crème au batteur électrique jusqu'à obtenir une crème fouettée. Continuez alors à fouetter jusqu'à ce que la crème jaunisse et tranche. Ralentissez encore le fouet et continuez jusqu'à ce que le beurre se forme en épaississant et en se séparant du petit lait. Arrêtez quand le beurre s'agglomère autour du fouet. Placez une étamine sur une passoire et déposez le tout dans un saladier. Déposez le beurre avec le petit lait dans l'étamine et pressez-le pour en retirer tout le petit lait. Dans un autre saladier, mélangez avec une spatule le beurre et la fleur de sel. Placez le beurre dans une poche à pâtisserie.

LA CONFITURE D'ABRICOTS AU ROMARIN
Toujours la veille, lavez les abricots, pelez-les, retirez les noyaux et coupez-les en quartiers. Dans un saladier, mélangez-les avec le sucre et le jus du citron. Laissez reposer 1 h. Versez dans une casserole et portez à ébullition en remuant pendant 10 min.
Lavez le romarin, retirez la branche centrale et taillez finement les brins. Ajoutez-les dans la casserole et laissez cuire pendant 20 min à petits bouillons.
Pour savoir si la cuisson est terminée, versez quelques gouttes de confiture sur une assiette et inclinez-la, la confiture doit couler lentement en accrochant à l'assiette.
Versez la confiture dans une poche à pâtisserie.

LE MONTAGE DES TARTINES
Le jour même, coupez la baguette en deux dans la largeur puis ouvrez en deux chaque moitié dans la longueur. Dessinez des bandes à l'aide des poches en alternant beurre et confiture, puis dégustez.

SANDWICH MERGUEZ HARISSA AIL CONFIT

SANDWICH MERGUEZ HARISSA AIL CONFIT

Préparation : 1 h Cuisson : 1 h 30 Repos : 1 nuit

INGRÉDIENTS POUR 2 SANDWICHS

LA HARISSA

250 g de piments rouges secs
5 gousses d'ail
1 c. à c. de sel
2 c. à c. de graines de carvi
2 c. à c. de graines de coriandre
1 c. à c. de graines de cumin
1 c. à s. de feuilles de coriandre fraîche
10 cl d'huile d'olive

L'AIL CONFIT

1 tête d'ail
1 branche de thym
10 grains de poivre noir
5 g de gros sel
25 cl d'huile d'olive

LE MONTAGE

2 merguez
1 baguette
Huile
Aneth

RÉALISATION

LA HARISSA

La veille, faites tremper les piments dans l'eau bouillante pendant 20 min.
Pelez les gousses d'ail et hachez-les finement. Égouttez les piments, ouvrez-les dans la longueur, retirez les graines et la membrane blanche. Broyez-les au mortier avec l'ail et le sel jusqu'à obtenir une pâte. Ajoutez les épices et la coriandre puis broyez à nouveau jusqu'à obtenir un mélange homogène. Versez dans un bocal et couvrez avec l'huile d'olive. Conservez au frais.

L'AIL CONFIT

Toujours la veille, détachez les gousses d'ail de la tête, retirez les peaux en en conservant une couche sur chaque gousse. Faites chauffer dans une casserole avec les autres ingrédients pendant 1 h à 80 °C . Laissez refroidir puis versez dans un bocal et conservez au frais.

LE MONTAGE DES SANDWICHS

Le jour même, faites griller les merguez 10 min à la poêle dans un filet d'huile.

Coupez la baguette en deux dans la largeur puis ouvrez en deux chaque moitié dans la longueur. Retirez la peau d'une gousse d'ail confit et étalez-le sur la mie du pain, recommencez jusqu'à tartiner toute la mie des sandwichs. Coupez les merguez en deux et insérez-les dans les sandwichs. Ajoutez de la harissa dessus selon votre goût puis refermez. Ajoutez quelques brins d'aneth.

OUI OUI BAGUETTE

OUI OUI BAGUETTE

Préparation : 10 min Cuisson : 15 min

INGRÉDIENTS POUR 1 SANDWICH

L'OIGNON CONFIT
1 oignon
30 g de sucre
6 cl de vin blanc
1 filet de vinaigre de cidre
Huile

LE MONTAGE
1 baguette tradition
2 cornichons
5 tranches de rosette
Beurre
Mâche

RÉALISATION

LE CONFIT D'OIGNON

Pelez l'oignon, coupez-le en deux puis taillez-le en fines lamelles.

Faites revenir l'oignon dans un filet d'huile jusqu'à ce qu'il devienne translucide.

Ajoutez le sucre, le vin blanc et le vinaigre et laissez absorber à feu doux une dizaine de minutes jusqu'à ce qu'il n'y ait plus de liquide.

Salez puis sortez du feu.

LE MONTAGE DU SANDWICH

Ouvrez la baguette en deux dans le sens de la longueur, beurrez la mie des 2 moitiés.

Tartinez généreusement de confit d'oignon la moitié du bas.

Taillez les cornichons en trois ou quatre dans le sens de la longueur et placez ces lamelles sur le confit.

Déposez quelques feuilles de mâche par-dessus puis insérez la rosette.

Refermez et dégustez.

FAIT MAISON : PAIN BOKIT

FAIT MAISON : PAIN BOKIT

Préparation : 20 min Cuisson : 1 min Repos : 2 h

INGRÉDIENTS POUR 6 PAINS

15 g de levure boulangère fraîche
20 cl d'eau tiède
400 g de farine
1 c. à s. de saindoux
2 pincées de sel
Huile de friture

RÉALISATION

Délayez la levure dans un peu d'eau tiède et laissez agir 5 min.

Dans le bol d'un robot pâtissier, versez la levure, la farine, le saindoux et le sel. Ajoutez le reste de l'eau progressivement en pétrissant environ 5 min jusqu'à obtenir une pâte homogène.

Couvrez le bol d'un torchon humide pendant 2 h.
Dégazez la pâte sur un plan de travail fariné et divisez-la en 6 boules de taille égale. Étalez les boules légèrement au rouleau à pâtisserie.

Faites chauffer un bain d'huile à 170 °C et faites frire 30 s de chaque côté les pains bokit dedans. Pensez à les retourner au fur et à mesure de la cuisson puis débarrassez-les sur du papier absorbant.

FAIT MAISON : BLACK BUN AU CHARBON

FAiT MAiSON : BLACK BUN AU CHARBON

Préparation : 20 min Cuisson : 12 min Repos : 3 h

INGRÉDIENTS POUR 10 PAINS À BURGER

7 cl de lait + un peu pour la dorure
1 verre d'eau
15 g de levure
500 g de farine
1 pincée de sel
1 c. à s. de sucre en poudre
2 œufs
1 c. à s. de poudre de charbon noir végétal
30 g de beurre mou
Graines de sésame

RÉALISATION

Chauffez le lait et l'eau à la casserole pour les tiédir puis délayez la levure dedans. Versez dans le bol d'un robot pâtissier, ajoutez la farine, le sel, le sucre, 1 œuf et la poudre de charbon puis pétrissez à vitesse lente pendant 5 min. Ajoutez le beurre mou et pétrissez à nouveau 5 min à vitesse plus élevée jusqu'à obtenir une pâte homogène.

Sortez du bol et formez une boule à la main avec la pâte. Couvrez avec un torchon humide et laissez gonfler pendant 2 h.

Dégazez la pâte en pressant dessus puis formez 10 boules de 70 g. Déposez les boules sur une plaque de cuisson, couvrez-les d'un torchon humide et laissez reposer 1 h de plus.

Préchauffez le four à 190 °C. Badigeonnez à l'aide d'un pinceau les boules d'un peu de lait et d'œuf mélangés, parsemez de graines de sésame puis enfournez pour 12 min.

FAIT MAISON : PAIN MOLLETE

FAIT MAISON : PAIN MOLLETE

Préparation : 1 h Cuisson : 15 min Repos : 9 h 30

INGRÉDIENTS POUR 10 PAINS

LE LEVAIN

5 g de levure boulangère fraîche
7,5 cl d'eau
75 g de farine tamisée

LA PÂTE

500 g de farine tamisée
27,5 cl d'eau
25 g de beurre mou
1 c. à c. de sel
1 c. à s. d'huile d'olive

RÉALISATION

LE LEVAIN

Délayez la levure dans l'eau, ajoutez la farine et pétrissez 1 min à la main. Couvrez d'un linge humide et laissez reposer 8 h à température ambiante.

LA PÂTE

Dans un batteur muni d'un crochet, ajoutez la farine et pétrissez à vitesse moyenne pendant 5 min en incorporant progressivement l'eau légèrement tiède jusqu'à obtenir une pâte homogène. Ajoutez 10 g du levain et pétrissez de nouveau pendant 5 min à vitesse élevée. Ajoutez le beurre en morceaux et le sel puis pétrissez jusqu'à ce qu'ils soient incorporés.

Badigeonnez le fond d'un récipient avec de l'huile d'olive et déposez la pâte à l'intérieur. Couvrez la pâte d'un linge et laissez-la pousser dans un endroit légèrement chaud pendant 1 h jusqu'à ce qu'elle double de volume.

Dégazez la pâte sur un plan de travail fariné puis divisez-la en 10 morceaux.
Abaissez chaque morceau en disque de 1,5 cm d'épaisseur, placez-les sur une plaque avec un torchon par-dessus et laissez reposer de nouveau pendant 30 min.

Préchauffez le four à 180 °C. Enfournez les disques entre 12 et 15 min, avec un bol d'eau sous la plaque pour ajouter un peu de vapeur au four. Toastez les pains avant de servir.

PASTRAMİ BURRİTO

PASTRAMI BURRITO

Préparation : 20 min Cuisson : 15 min

INGRÉDIENTS POUR 1 BURRITO

LA SAUCE
1 tomate
1 poivron rouge
1 gousse d'ail
½ verre de coulis de tomates
Huile d'olive

LE GUACAMOLE
1 avocat
½ oignon rouge
½ citron vert

LE MONTAGE
1 tortilla
100 g de riz basmati déjà cuit
100 g de pastrami en tranches
80 g de mozzarella râpée
80 g de haricots rouges déjà cuits
Quelques feuilles de coriandre

RÉALISATION

LA SAUCE

Découpez la tomate, le poivron et l'ail en petits morceaux et faites revenir le tout dans une casserole chaude avec un filet d'huile d'olive.

Ajoutez le coulis de tomates, laissez mijoter quelques minutes et mixez la sauce. Réservez.

LE GUACAMOLE

Pelez l'avocat, retirez le noyau puis la chair, découpez en morceaux.

Hachez l'oignon rouge. Mélangez l'oignon et l'avocat avec le jus du citron vert, du sel et du poivre puis écrasez la préparation à la fourchette.

LE MONTAGE DU BURRITO

Placez une louche de riz cuit au milieu de la tortilla. Ajoutez dessus le pastrami en tranches, la sauce, la mozzarella râpée, les haricots rouges, le guacamole et les feuilles de coriandre.

Refermez et pliez la tortilla puis enveloppez-la d'une feuille de papier sulfurisé.
Déposez la tortilla sur une poêle chaude et aplatissez-la légèrement ou réchauffez-la au four.

PEPPER ALERT !

PEPPER ALERT !

Préparation : 25 min Cuisson : 17 min Repos : 10 min

INGRÉDIENTS POUR 2 SANDWICHS

LA SAUCE AU POIVRE

10 g de beurre
6 g de poivre en grains
10 cl de cognac
20 cl de fond de veau
10 cl de crème liquide entière

LES FRITES, LES STEAKS ET LE MONTAGE

500 g de pommes de terre (des Bintje, par exemple)
2 steaks de 150 g
1 oignon
1 baguette
Laitue
Huile de friture

RÉALISATION

LA SAUCE AU POIVRE

Faites fondre le beurre dans une casserole. Quand il devient mousseux, ajoutez le poivre. Laissez griller 2 min puis ajoutez le cognac et faites flamber.
Faites réduire de moitié puis ajoutez le fond de veau et portez à ébullition.
Faites à nouveau réduire de moitié puis versez la crème et salez.

LES FRITES

Pelez les pommes de terre et taillez-les en très fins bâtonnets.
Chauffez l'huile de friture à 150 °C dans une poêle à bords hauts.
Plongez les frites 5 min dans l'huile puis égouttez-les.
Laissez refroidir 10 min puis chauffez à nouveau l'huile à 180 °C et plongez les frites 5 min dedans. Égouttez.

LES STEAKS

Taillez les steaks en fines tranches de 2 cm de large.
Pelez l'oignon, coupez-le en deux et taillez-le en lamelles.
Faites suer l'oignon à la poêle dans un filet d'huile puis ajoutez les steaks en tranches avant qu'il colore.
Faites griller la viande 5 min.

LE MONTAGE DES SANDWICHS

Coupez la baguette en deux dans la largeur puis ouvrez en deux chaque moitié dans la longueur.
Tartinez la mie du pain avec de la sauce au poivre puis placez 1 feuille de laitue sur la moitié du bas.
Ajoutez des lamelles de steaks par-dessus puis des frites et versez à nouveau de la sauce au poivre dessus avant de refermer.

PİTA SARDİNES GRİLLÉES

PITA SARDINES GRILLÉES

Préparation : 25 min Cuisson : 10 min Marinade : 3 h

INGRÉDIENTS POUR 2 PITAS

LA MARINADE

8 sardines fraîches (vidées, sans tête et sans arête centrale)
1 citron jaune
1 c. à c. de piment d'Espelette
1 c. à c. d'ail haché
2 c. à s. de persil ciselé
Huile d'olive

LA SAUCE ET LE MONTAGE

4 c. à s. de yaourt
100 g de farine
2 pains pitas
½ concombre
½ oignon rouge
6 feuilles de basilic frais
Quelques brins d'aneth

RÉALISATION

LA MARINADE

Rincez les sardines sous un filet d'eau froide afin d'enlever leurs petites écailles. Découpez légèrement les côtés des sardines afin de retirer complètement les viscères.

Mélangez les sardines avec les zestes de citron jaune, un filet d'huile d'olive, une pincée de piment d'Espelette, l'ail haché, le persil, du sel et du poivre.
Laissez mariner au minimum 3 h au frais.

LA SAUCE YAOURT

Mélangez le yaourt avec un peu de jus du citron, un filet d'huile d'olive, du sel et du poivre puis réservez au frais.

LA CUISSON DES SARDINES

Panez les sardines marinées dans la farine puis faites-les griller à la poêle quelques minutes dans un filet d'huile d'olive.

LE MONTAGE DES PITAS

Chauffez légèrement les pitas sur les 2 faces dans une poêle très chaude sans matière grasse. Taillez le concombre en fines tranches.

Ouvrez les pitas en deux, ajoutez quelques tranches fines de concombre et d'oignon rouge à l'intérieur, la sauce yaourt, 4 sardines grillées par pita ainsi que les feuilles de basilic et des brins d'aneth. Arrosez d'un filet d'huile d'olive et dégustez.

CÔTE DE BŒUF DU LENDEMAIN

CÔTE DE BŒUF DU LENDEMAIN

Préparation : 15 min

INGRÉDIENTS POUR 1 SANDWICH

LA MAYONNAISE

2 c. à c. de moutarde à l'ancienne
1 c. à s. de vinaigre de vin
1 œuf
10 cl d'huile de tournesol
Sel et poivre

LE MONTAGE

300 g de viande de côte de bœuf froide de la veille (ou d'entrecôte)
1 tige de cébette
1 baguette
100 g de pousses d'épinard
Quelques feuilles de cerfeuil

RÉALISATION

LA MAYONNAISE

Mixez tous les ingrédients de la mayonnaise ensemble au mixeur plongeant ou montez-la traditionnellement au fouet en ajoutant l'huile progressivement.

LE MONTAGE DU SANDWICH

Taillez la viande en morceaux et ciselez la cébette. Ouvrez la baguette en deux et tartinez de mayonnaise les 2 faces du pain. Ajoutez la viande, les pousses d'épinards, de la cébette et du cerfeuil puis dégustez.

TACOS VIANDE HACHÉE FROMAGE À RACLETTE

TACOS VIANDE HACHÉE FROMAGE À RACLETTE

Préparation : 30 min Cuisson : 25 min Repos : 10 min

INGRÉDIENTS POUR 1 GROS SANDWICH

LES FRITES

100 g de pommes de terre (des Bintje, par exemple)
Huile de friture

LA SAUCE FROMAGÈRE

250 g de crème liquide
100 g de cheddar
100 g de fromage à raclette

LA VIANDE

1 oignon
1 gousse d'ail
150 g de viande hachée
1 c. à c. de paprika en poudre
Huile d'olive

LE MONTAGE

1 grande tortilla
1 c. à s. de mayonnaise
1 c. à s. de ketchup

RÉALISATION

LES FRITES

Pelez les pommes de terre et taillez-les en bâtonnets. Chauffez l'huile de friture à 150 °C dans une poêle à bords hauts. Plongez les frites 5 min dans l'huile puis égouttez-les. Laissez refroidir 10 min puis chauffez à nouveau l'huile à 180 °C et plongez les frites 5 min dedans. Égouttez et réservez.

LA SAUCE FROMAGÈRE

Faites chauffer la crème à feu doux dans une casserole. Ajoutez le cheddar et le fromage à raclette coupé en morceaux et salez. Une fois le fromage fondu, mixez le tout pour obtenir une sauce onctueuse puis réservez.

LA VIANDE

Émincez l'oignon et hachez l'ail. Assaisonnez la viande hachée avec le paprika, du sel et du poivre puis mélangez avec l'ail et l'oignon. Dans une poêle chaude avec un filet d'huile d'olive, faites revenir à feu vif en remuant constamment jusqu'à ce que la viande soit cuite.

LE MONTAGE DU TACO

Étalez la mayonnaise et le ketchup sur une face de la tortilla. Ajoutez la viande dessus puis les frites. Arrosez de sauce fromagère puis refermez la tortilla en la pliant des 4 côtés pour bien emballer la garniture à l'intérieur. Grillez le french taco dans un appareil à gril.

CROQUE-MONSIEUR COMTÉ MORTADELLE PISTACHE

CROQUE-MONSIEUR COMTÉ MORTADELLE PISTACHE

Préparation : 10 min Cuisson : 20 min

INGRÉDIENTS POUR 1 CROQUE-MONSIEUR

LA BÉCHAMEL
1 c. à s. de beurre
1 c. à s. de farine
10 cl de lait

LE MONTAGE
2 tranches de pain de mie
150 g de comté
1 tranche de mortadelle à la pistache

RÉALISATION

LA BÉCHAMEL
Dans une casserole à feu doux faites fondre le beurre puis ajoutez la farine. Mélangez bien et ajoutez le lait en 2 fois pour obtenir une béchamel. Salez et poivrez.

LE MONTAGE DU CROQUE-MONSIEUR
Tartinez un côté de chaque tranche de pain de mie de béchamel. Taillez le comté en lamelles et déposez-les sur la béchamel d'une des tranches de pain. Placez la mortadelle dessus puis refermez avec la deuxième tranche de pain. Placez le croque-monsieur 10 min au four en position gril en surveillant selon la puissance de votre four.

CROQUE-MONSIEUR CAMPAGNARD VÉGÉ

CROQUE-MONSIEUR CAMPAGNARD VÉGÉ

Préparation : 15 min Cuisson : 25 min

INGRÉDIENTS POUR 1 CROQUE-MONSIEUR

1 petite courge butternut
50 g de beurre
1 branche de romarin
2 tranches de pain de campagne
150 g de beaufort

RÉALISATION

LA COURGE

Pelez la courge butternut et taillez une tranche de 1,5 cm d'épaisseur dans la partie allongée de la courge (utilisez le reste pour une soupe ou un gratin).

Coupez le beurre en cubes et faites-le fondre dans une casserole à feu moyen. Il va devenir mousseux, puis brunir et prendre un parfum de noisette. Ajoutez à ce moment la tranche de courge dans la casserole et déposez la branche de romarin à côté, salez et poivrez. Arrosez régulièrement la courge avec le beurre dans la casserole et retournez-la quand elle commence à colorer.
Faites cuire environ 15 min jusqu'à ce que la courge soit tendre. Coupez le feu.

LE MONTAGE DU CROQUE-MONSIEUR

Versez 1 c. à s. de beurre fondu sur chaque tranche de pain.

Déposez sur une des tranches la courge rôtie.

Taillez le beaufort en lamelles et placez-les sur la courge.

Refermez le croque-monsieur et passez-le 10 min au four en position gril en surveillant selon la puissance de votre four.

ENOKI SRIRACHA CLUB SANDWICH

ENOKI SRIRACHA CLUB SANDWICH

Préparation : 20 min Cuisson : 5 min

INGRÉDIENTS POUR 1 SANDWICH

LES CHAMPIGNONS

250 g de farine de riz
15 cl d'eau glacée
1 œuf
200 g de champignons enoki
1 c. à c. de paprika fumé
Huile de friture

LA MAYONNAISE

2 c. à s. de mayonnaise
2 c. à s. de sauce sriracha

LE MONTAGE

1 avocat
½ oignon rouge
2 tranches de pain de mie

RÉALISATION

LES CHAMPIGNONS

Mélangez au fouet la farine de riz, l'eau glacée, l'œuf ainsi qu'une pincée de sel et de poivre.
Coupez le pied des champignons enoki afin de les séparer légèrement tout en gardant de petits bouquets accrochés.

Trempez les bouquets d'enokis dans la pâte à tempura puis faites-les frire aussitôt dans un bain d'huile chauffé à 160 °C.
Débarrassez les enokis frits sur du papier absorbant. Saupoudrez de paprika fumé.

LA MAYONNAISE

Mélangez la mayonnaise avec la sauce sriracha.

LE MONTAGE DU SANDWICH

Pelez l'avocat, retirez le noyau et taillez-le en fines lamelles.

Taillez l'oignon en fines lamelles.

Répartissez les lamelles d'avocat sur les tranches de pain, ajoutez les champignons dessus puis la mayonnaise épicée.

Déposez quelques lamelles d'oignon puis refermez le sandwich et dégustez.

EGG SANDWiCH

EGG SANDWICH

Préparation : 15 min Cuisson : 9 min

INGRÉDIENTS POUR 4 SANDWICHS

LA MAYONNAISE JAPONAISE

1 jaune d'œuf
10 cl d'huile de tournesol
1 c. à s. de vinaigre de riz
1 c. à s. de sauce sriracha
1 c. à s. de moutarde japonaise ou française
Sel

LES ŒUFS

3 œufs
1 c. à s. de lait

LE MONTAGE

4 tranches de pain de mie japonais (shokupan) ou de pain de mie classique épais sans croûte
80 g de beurre demi-sel
Piment d'Espelette
Ciboulette

RÉALISATION

LA MAYONNAISE JAPONAISE

Mixez ensemble tous les ingrédients de la mayonnaise en ajoutant si besoin un peu d'huile pour ajuster la texture.

LES ŒUFS

Cuisez les œufs 9 min dans de l'eau frémissante puis plongez-les dans de l'eau glacée pour stopper la cuisson. Écalez les œufs puis écrasez-les à la fourchette pour obtenir une purée en gardant des morceaux.

Ajoutez 2 c. à s. de mayonnaise japonaise à la purée ainsi que le lait, du sel et du poivre.

LE MONTAGE DES SANDWICHS

Étalez le beurre sur les 4 tranches de pain de mie.

Répartissez la préparation aux œufs sur 2 tranches de pain de mie et refermez avec les 2 autres.

Coupez les sandwichs en deux dans la diagonale.

Parsemez les tranches d'une pointe de piment d'Espelette et de ciboulette ciselée puis dégustez.

SPICY CHICKEN GYROS

SPICY CHICKEN GYROS

Préparation : 30 min Cuisson : 25 min Marinade : 2 h

INGRÉDIENTS POUR 4 SANDWICHS

LA PÂTE À PITA

500 g de farine
40 cl d'eau tiède
2,5 g de levure boulangère
1 c. à c. de sel
2 c. à s. d'huile d'olive

LA MARINADE

4 blancs de poulet
300 g de yaourt grec
2 c. à c. d'ail en poudre
4 c. à c. de paprika fumé
2 c. à c. de piment de cayenne

LE MONTAGE

200 g de feta
1 oignon rouge
200 g de tomates cerises
1 concombre
1 citron
1 botte d'aneth
Huile d'olive

RÉALISATION

LA PÂTE À PITA

Formez un puits avec la farine sur le plan de travail. Mélangez l'eau et la levure, versez-en un peu dans le puits puis ajoutez le sel. Intégrez l'eau à la farine en en rajoutant progressivement. Pétrissez jusqu'à obtenir une pâte homogène.

Divisez la pâte en quatre et formez des boules. Badigeonnez vos mains d'huile d'olive et aplatissez les boules en disques d'environ 3 cm d'épaisseur. Faites cuire les pains 2 min de chaque côté dans une poêle très chaude à couvert sans matière grasse.

LA MARINADE

Taillez les filets de poulet en cubes et mélangez-les avec 2 c. à s de yaourt et les épices de la marinade. Salez, poivrez et laissez mariner au frais au minimum 2 h.

LE MONTAGE DES SANDWICHS

Grillez les morceaux de poulet marinés dans une poêle très chaude avec un filet d'huile d'olive.

Émiettez la feta. Découpez l'oignon en fines tranches, les tomates cerises en deux et le concombre en bâtonnets. Mélangez le reste du yaourt avec le jus de citron.

Ouvrez les pains pita en les entaillant et fourrez-les avec les morceaux de poulet grillés, des lamelles d'oignon, du concombre, quelques tomates cerises, de la feta, quelques brins d'aneth et arrosez avec la sauce yaourt au citron.

JAMBON CRU PESTO ROSSO ROQUETTE

JAMBON CRU PESTO ROSSO ROQUETTE

Préparation : 10 min

INGRÉDIENTS POUR 2 SANDWICHS

LE PESTO ROSSO

6 tomates séchées à l'huile d'olive
1 noix de parmesan
4 feuilles de basilic
1 pincée de pignons de pin

LA ROQUETTE ET LE MONTAGE

150 g de roquette
1 baguette
4 tranches fines de prosciutto
Huile d'olive

RÉALISATION

LE PESTO ROSSO

Mixez ensemble les tomates séchées, le parmesan, le basilic, les pignons, 1 c. à s. d'huile d'olive, du sel et du poivre.

LA ROQUETTE

Dans un bol, huilez généreusement la roquette pour bien la lustrer, salez et poivrez.

LE MONTAGE DES SANDWICHS

Coupez la baguette en deux dans la largeur puis ouvrez en deux chaque moitié dans la longueur. Tartinez la mie du pain avec le pesto rosso.

Déposez 2 tranches de prosciutto dans chaque sandwich.

Répartissez la salade dans les sandwichs puis dégustez.

JAMBON-BEURRE AUX CHAMPIGNONS

JAMBON-BEURRE AUX CHAMPIGNONS

Préparation : 20 min Cuisson : 15 min

INGRÉDIENTS POUR 2 SANDWICHS

LE BEURRE DE CHAMPIGNONS

3 gousses d'ail
250 g de champignons de Paris
300 g de beurre demi-sel mou

LE MONTAGE

1 baguette tradition
200 g de jambon blanc
4 tranches de comté
4 cornichons
Huile d'olive

RÉALISATION

LE BEURRE DE CHAMPIGNONS

Émincez finement les gousses d'ail. Hachez les champignons et faites-les revenir dans une casserole chaude avec une noix de beurre, ajoutez l'ail et laissez-les brunir.

Une fois cuits, mixez les champignons avec le beurre restant jusqu'à obtenir un beurre homogène.

LE MONTAGE DES SANDWICHS

Coupez la baguette en deux dans la largeur puis ouvrez en deux chaque moitié dans la longueur.

Faites griller la face avec la mie sur une grande poêle chaude avec un filet d'huile d'olive.

Tartinez le beurre de champignons sur les 2 faces du pain.
Répartissez les tranches de jambon en chiffonnade, les tranches de comté et les cornichons à l'intérieur.

JAPANESE FRUIT SANDWICH

JAPANESE FRUIT SANDWICH

Préparation : 30 min Repos : au moins 1 h

INGRÉDIENTS POUR 3 SANDWICHS

5 fraises
2 kiwis

LA CHANTILLY
250 g de crème liquide à 30 % de MG
25 g de sucre en poudre

LE MONTAGE
6 tranches de pain de mie japonais (shokupan) ou de pain de mie classique épais sans croûte

RÉALISATION

Placez au préalable un saladier et un fouet au congélateur pendant 20 min.
Coupez les fraises en deux dans le sens de la longueur. Pelez les kiwis puis taillez-les en rondelles.

LA CHANTILLY
Versez la crème dans le saladier sorti du congélateur et commencez à la fouetter avec le fouet froid. Quand elle épaissit et commence à buller, ajoutez le sucre. Fouettez à nouveau jusqu'à ce qu'elle ait une consistance épaisse et qu'elle forme un bec sur le fouet quand on le sort de la crème.

LE MONTAGE DES SANDWICHS
Disposez 3 tranches de pain de mie devant vous et étalez une couche épaisse de chantilly sur chacune d'entre elles. Sur la première, disposez 3 demi-fraises alignées en longueur dans la diagonale. Placez le reste des fraises autour. Sur la deuxième, alignez des rondelles de kiwi sur toute la diagonale et placez les autres rondelles autour. Il faut penser que vous allez couper le sandwich en deux dans la diagonale et que les fruits alignés coupés en deux apparaîtront à la dégustation.

Recouvrez tous les fruits d'une nouvelle couche de chantilly puis refermez avec les tranches de pain de mie restantes. Filmez les sandwichs et notez au marqueur sur le film la diagonale dans laquelle les fruits sont alignés.

Placez les sandwichs entre 2 assiettes pour les compresser légèrement sans les écraser et conservez-les au moins 1 h au réfrigérateur. À la sortie du frais, retirez le film puis taillez les sandwichs dans le sens de la diagonale marquée préalablement.

Découvrez vos créations et dégustez-les.

JELLY PEANUT BUTTER

JELLY PEANUT BUTTER

Préparation : 35 min Cuisson : 25 min Repos : 2 h

INGRÉDIENTS POUR 4 SANDWICHS

LA CONFITURE DE FRAMBOISES
850 g de sucre en poudre
1 kg de framboises
Le jus de 1 citron

LE MONTAGE
8 tranches de pain de mie
4 c. à s. de beurre de cacahuètes
Beurre

RÉALISATION

LA CONFITURE DE FRAMBOISES
Mélangez le sucre avec 20 cl d'eau dans une grande casserole. Portez à ébullition, jusqu'à ce que se forment de grosses bulles et que le sucre ait complètement fondu.

Ajoutez les framboises et le jus de citron et laissez cuire 12 à 15 min.

Pour savoir si la cuisson est terminée, versez quelques gouttes de confiture sur une assiette et inclinez-la, la confiture doit couler lentement en accrochant à l'assiette.

Versez la confiture dans des pots, refermez puis retournez-les pendant 1 min. Remettez-les à l'endroit et laissez refroidir au moins 2 h.

LE MONTAGE DU SANDWICH
Faites fondre une noisette de beurre à la poêle puis faites dorer dedans les tranches de pain de mie de chaque côté, environ 3 min.

Étalez sur une tranche le beurre de cacahuète et de la confiture sur la deuxième tranche. Refermez puis dégustez.

BOKIT CHEESY SANDWICH

BOKiT CHEESY SANDWiCH

Préparation : 15 min Cuisson : 20 min

INGRÉDIENTS POUR 2 SANDWICHS

1 oignon
3 saucisses knacks
2 pains bokit (voir fiche recette « Pain Bokit »)
100 g de mozzarella râpée
50 g d'emmental râpé
50 g de parmesan râpé
1 c. à s. de cébette
Huile de tournesol

RÉALISATION

LA SAUCISSE

Émincez l'oignon.
Coupez les saucisses en morceaux et faites-les griller à la poêle dans un filet d'huile de tournesol puis réservez.

Dans la même poêle, ajoutez l'oignon et laissez confire en remuant jusqu'à ce qu'il soit translucide.

Ajoutez les saucisses grillées et mélangez.

LE MONTAGE DES SANDWICHS

Préchauffez le four à 160 °C.

Ouvrez les pains bokit en deux d'une entaille sans les séparer, puis garnissez-les avec le mélange de saucisses aux oignons.

Ajoutez les fromages râpés dedans puis placez les sandwichs au four 5 min pour faire fondre le fromage.

Ciselez la cébette et parsemez-en les bokits à la sortie du four.

BRIE TRUFFÉ (BAGUETTE)

BRIE TRUFFÉ (BAGUETTE)

Préparation : 20 min Repos : 2 jours

INGRÉDIENTS POUR 1 SANDWICH

LE BRIE TRUFFÉ

1 truffe noire de 30 à 50 g
250 g de mascarpone
500 g de brie bien froid

LE MONTAGE

1 baguette tradition ou au sésame
Mâche
Huile d'olive
Beurre

RÉALISATION

LE BRIE TRUFFÉ

Au moins 2 jours avant, brossez la truffe puis hachez-la finement.

Mélangez-la avec le mascarpone.

Ouvrez le brie en deux dans l'épaisseur puis étalez le mascarpone à la truffe sur la moitié du bas.

Refermez avec l'autre moitié de brie, filmez puis conservez au moins 2 jours au frais avant utilisation.

LE MONTAGE DU SANDWICH

Dans un bol, huilez généreusement la mâche pour bien la lustrer, salez et poivrez.

Ouvrez la baguette tradition en deux dans la longueur puis tartinez la mie de beurre sur les 2 moitiés.

Déposez de la mâche huilée sur la moitié du bas.

Coupez des tranches de brie truffé et déposez-les sur la mâche.

Refermez le sandwich puis dégustez.

FALAFELS BURGER

FALAFELS BURGER

Préparation : 20 min Cuisson : 30 min

INGRÉDIENTS POUR 4 BURGERS

LES FALAFELS

1 oignon
1 gousse d'ail
400 g de pois chiches en conserve
½ botte de persil
1 c. à c. de cumin
1 œuf
2 c. à s. de farine
Huile de friture

LE CHOU, LE TAHINI ET LE MONTAGE

½ chou rouge
4 pains à burger
100 g de mâche
1 c. à s. de jus de citron
3 c. à s. de tahini (pâte de sésame)
Huile d'olive

RÉALISATION

LES FALAFELS

Pelez et taillez grossièrement l'oignon. Pelez et dégermez la gousse d'ail.

Égouttez les pois chiches puis placez-les dans le bol d'un mixeur avec l'oignon, l'ail, le persil, le cumin et l'œuf. Mixez en ajoutant progressivement la farine pour obtenir une pâte ferme et malléable. Formez 4 boules identiques, en farinant légèrement vos mains si la pâte accroche trop.

Chauffez l'huile de friture dans une poêle à bords hauts et faites cuire les falafels environ 5 min de chaque côté jusqu'à ce qu'ils soient bien dorés. Laissez-les reposer sur du papier absorbant.

LE CHOU ROUGE

Faites chauffer un filet d'huile d'olive et faites revenir le chou 15 min à feu moyen. À la fin de la cuisson, versez un filet de jus de citron dans la poêle et remuez bien.

LE TAHINI

Dans un bol, versez le tahini, le jus de citron et 2 c. à s. d'eau. Mélangez fermement jusqu'à obtenir une sauce lisse. Ajoutez de l'eau si besoin pour rectifier la texture.

LE MONTAGE DES BURGERS

Faites plusieurs mini-boulettes de falafel. Étalez la sauce tahini sur les 2 faces du pain, déposez le chou rouge, puis les falafels. Ajoutez la mâche puis refermez les burgers et dégustez.

BURGER POULET BACON OIGNON

BURGER POULET BACON OIGNON

Préparation : 20 min Cuisson : 20 min

INGRÉDIENTS POUR 2 BURGERS

LA SAUCE

½ oignon rouge
3 c. à s. de mayonnaise
1 c. à c. de ketchup
2 c. à c. de paprika fumé
Quelques gouttes de Tabasco®
Sel et poivre

LE POULET FRIT

2 escalopes de poulet
3 c. à s. de farine
1 œuf
½ verre de lait
200 g de chapelure
Huile de tournesol

LE BACON ET LE MONTAGE

2 tranches de bacon
½ oignon rouge
2 pains à burger
4 feuilles de laitue
2 tranches de cheddar
Dés de bacon

RÉALISATION

LA SAUCE

Émincez l'oignon rouge puis mélangez avec tous les autres ingrédients de la sauce et réservez au frais.

LE POULET

Salez et poivrez le poulet puis roulez-le dans la farine. Mélangez l'œuf battu et le lait et trempez le poulet dedans. Roulez-le ensuite dans la chapelure. Faites frire le poulet pané dans un bain d'huile de tournesol jusqu'à ce qu'il soit bien doré. Réservez sur du papier absorbant.

LE BACON

Préchauffez le four à 200 °C. Étalez les tranches de bacon sur une plaque de four recouverte de papier sulfurisé en les espaçant bien puis enfournez pour 15 min.

LE MONTAGE DES BURGERS

Taillez l'oignon rouge en rondelles. Coupez les pains à burger en deux et tartinez la sauce sur chaque moitié. Déposez 1 feuille de laitue sur les moitiés du bas puis le poulet par-dessus. Ajoutez 1 tranche de cheddar, le bacon grillé puis une nouvelle feuille de laitue et des rondelles d'oignon rouge. Refermez avec les autres moitiés des pains, fixez quelques dés de bacon sur le pain du haut puis dégustez.

LE FORESTIER

LE FORESTIER

Préparation : 25 min Cuisson : 15 min

INGRÉDIENTS POUR 2 SANDWICHS

LES CHAMPIGNONS
100 g de girolles
100 g de pleurotes
1 échalote
1 c. à s. de persil

150 g de beurre
10 cl de vin blanc
50 g de noisettes
4 tranches de pain au levain
100 g de comté râpé

RÉALISATION

LES CHAMPIGNONS

Rincez puis séchez les champignons. Émincez l'échalote et ciselez le persil.

Faites fondre une noix de beurre dans une poêle chaude et ajoutez les champignons. Salez, poivrez et faites revenir les champignons quelques minutes à feu vif. Quand ils sont cuits, ajoutez l'échalote et le persil puis déglacez au vin blanc.

LE MONTAGE DES SANDWICHS

Dans une poêle chaude, sans matière grasse, faites torréfier les noisettes quelques minutes jusqu'à ce qu'elles commencent à colorer puis concassez-les.

Tartinez de beurre 2 tranches de pain et répartissez dessus la moitié des champignons cuits. Râpez le comté par-dessus puis ajoutez des noisettes concassées. Répartissez le reste des champignons par-dessus puis refermez les sandwichs avec les autres tranches de pain.

Poêlez délicatement les 2 faces des sandwichs sur une poêle chaude avec une noisette de beurre pour les rendre croustillantes.

MOLLETE CHIPOTLE SANDWICH

MOLLETE CHIPOTLE SANDWICH

Préparation : 15 min Cuisson : 10 min Repos : 10 min

INGRÉDIENTS POUR 2 SANDWICHS

L'AÏOLI

3 gousses d'ail
1 pincée de sel
1 tour de moulin à poivre
5 cl de lait
1 c. à s. d'huile d'olive
10 cl d'huile de tournesol

L'OIGNON MARINÉ

1 oignon rouge
1 citron jaune
Flocons de piment ou piment d'Espelette
Huile d'olive

LES ŒUFS ET LE MONTAGE

2 œufs
2 c. à c. de sauce chipotle
2 pains molletes (voir fiche recette « Pain Mollete »)

RÉALISATION

L'AÏOLI

Pelez les gousses d'ail puis mixez tous les ingrédients de l'aïoli ensemble. L'aïoli doit se solidifier une fois mixé, réservez au frais.

L'OIGNON MARINÉ

Taillez l'oignon en fines tranches. Mélangez avec un filet d'huile d'olive, le jus du citron, une pincée de piment, du sel et du poivre. Laissez mariner 10 min au frais.

LA CUISSON DES ŒUFS

Faites chauffer une poêle avec un filet d'huile d'olive, cassez les œufs dedans, versez la sauce chipotle dessus, salez, poivrez et ajoutez une pincée de piment d'Espelette. Couvrez la poêle et laissez cuire tranquillement les œufs au plat.

LE MONTAGE DES SANDWICHS

Toastez légèrement les pains au grille-pain ou au four. Ouvrez les pains en deux et tartinez chaque face d'aïoli. Déposez 1 œuf dans chaque sandwich et des rondelles d'oignon marinées puis refermez.

CHORİPAN

CHORIPAN

Préparation : 15 min Cuisson : 10 min

INGRÉDIENTS POUR 2 SANDWICHS

LA SAUCE CHIMICHURRI
4 gousses d'ail
5 brins de ciboulette
1 petit piment rouge
½ bouquet de persil
2 c. à s. d'origan séché
2 c. à s. de vinaigre de vin rouge
1 c. à c. de jus de citron
12 cl d'huile d'olive
Sel et poivre

LE MONTAGE
2 chorizos à griller
1 baguette

RÉALISATION

LA SAUCE CHIMICHURRI

Pelez les gousses d'ail et hachez-les ou pressez-les au presse-ail.

Émincez le persil et la ciboulette.

Ouvrez le petit piment dans la longueur, retirez les graines et la membrane blanche à l'intérieur.

Taillez finement la chair rouge.

Mélangez le tout avec le reste des ingrédients pour la sauce chimichurri.

LE MONTAGE DES SANDWICHS

Faites griller les chorizos à la poêle pendant 10 min.

Coupez la baguette en deux dans la largeur puis ouvrez en deux chaque moitié dans la longueur.

Tartinez la mie du pain avec la sauce chimichurri. Insérez un chorizo coupé en deux dans chaque sandwich puis dégustez.

BLACK TRUFFLE BURGER

BLACK TRUFFLE BURGER

Préparation : 15 min Cuisson : 15 min

INGRÉDIENTS POUR 8 MINI-BURGERS

8 mini-pains à burger noirs (voir recette « Pain bun noir »)
2 tranches de cheddar

LA CRÈME DE CHAMPIGNONS

300 g de champignons de Paris
30 cl de crème liquide
Huile d'olive

LES MINI-STEAKS ET LE MONTAGE

400 g de viande hachée
1 petite truffe fraîche
1 petit oignon rouge
Mâche
Huile

RÉALISATION

Ouvrez les buns en deux.
Coupez chaque tranche de cheddar en 4 carrés de même taille.

LA CRÈME DE CHAMPIGNONS

Nettoyez les champignons puis taillez-les finement en duxelles.
Faites-les suer dans une poêle chaude avec un filet d'huile d'olive, du sel et du poivre.
Quand ils sont bien cuits, mixez-les avec la crème liquide pour obtenir une crème de champignons.

LES MINI-STEAKS

Roulez la viande hachée en 8 petites boules de même taille.

Faites-la cuire à la poêle dans un filet d'huile pendant 5 min.

LE MONTAGE DES BURGERS

Étalez de la crème de champignons sur la moitié du bas des pains à burger.

Déposez 1 boule de viande hachée dessus puis placez 1 carré de cheddar.

Faites fondre le cheddar au chalumeau.

Taillez la truffe en très fines lamelles à la mandoline et placez-en 2 ou 3 sur chaque burger.

Ajoutez quelques feuilles de mâche et 2 petites rondelles d'oignon rouge.

Refermez les burgers puis faites-les tenir avec une pique à brochette.

MINI-BROCHETTES APÉRO FAÇON SALADE CÉSAR

MINI-BROCHETTES APÉRO FAÇON SALADE CÉSAR

Préparation : 20 min Cuisson : 20 min

INGRÉDIENTS POUR 4 BROCHETTES

3 tranches de pain de mie
4 tranches fines de lard fumé
2 filets de blanc de poulet
Huile

LA SAUCE CÉSAR
2 gousses d'ail
1 c. à c. de sel
1 jaune d'œuf
1 c. à s. de jus de citron
8,5 cl d'huile d'olive
1 c. à c. de sauce Worcestershire
1 c. à c de moutarde
1 c. à c. de poivre du moulin
4 filets d'anchois

LE MONTAGE
4 feuilles de salade romaine

RÉALISATION

Coupez les tranches de pain de mie en 4 carrés.

LE BACON
Préchauffez le four à 200 °C. Étalez les tranches de lard fumé sur une plaque de four recouverte de papier sulfurisé en les espaçant bien puis enfournez pour 15 min.

LE POULET
Filmez les filets de poulet et tapez-les au rouleau à pâtisserie pour les aplatir. Taillez-les en carrés de la taille des morceaux de pain de mie puis faites-les cuire à la poêle avec un filet d'huile pendant 5 min.

LA SAUCE CÉSAR
Passez tous les ingrédients de la sauce César au mixeur pour obtenir une sauce bien lisse.

LE MONTAGE DES BROCHETTES
Émincez finement les feuilles de salade romaine et plongez-les dans la sauce César pour bien les enrober. Émiettez les tranches de bacon.

Déposez une noisette de sauce sur une première tranche de pain de mie et posez dessus 1 morceau de poulet. Parsemez de bacon puis recouvrez avec une nouvelle tranche de pain de mie. Étalez 1 c. à s. de salade par-dessus, parsemez à nouveau de bacon et refermez avec une dernière tranche de pain de mie. Faites tenir le tout avec une pique à brochette. Recommencez 3 fois pour épuiser les ingrédients.

AUBERGİNE KATSU SANDO

AUBERGINE KATSU SANDO

Préparation : 30 min Cuisson : 15 min Repos : 20 min

INGRÉDIENTS POUR 2 SANDWICHS

2 carottes
200 g de chou rouge
1 aubergine ronde violette
100 g de farine
3 œufs
300 g de chapelure panko japonaise
50 cl d'huile de tournesol
4 tranches de pain de mie japonais (shokupan) ou de pain de mie classique épais
2 c. à s. de ketchup
Huile d'olive

RÉALISATION

Taillez les carottes en julienne (fins bâtonnets) et faites-les revenir quelques minutes dans une poêle chaude avec un filet d'huile d'olive. Salez, poivrez et débarrassez.

Émincez finement le chou rouge et faites de même.

Épluchez l'aubergine et coupez-la en tranches de 1 cm d'épaisseur. Salez les tranches et laissez-les dégorger 20 min sur du papier absorbant.

Dans une poêle chaude avec un filet d'huile d'olive, faites colorer légèrement les 2 faces des tranches pour apporter une première cuisson.

Passez les tranches d'aubergine dans la farine puis dans les œufs battus et enfin dans la chapelure pour les paner puis faites-les frire dans un bain d'huile de tournesol à 170 °C pendant 1 min.

LE MONTAGE DES SANDWICHS

Tartinez les tranches de pain de mie de ketchup. Répartissez le chou rouge sur 2 tranches, déposez par-dessus des tranches d'aubergine frite et ajoutez les carottes par-dessus. Refermez les sandwichs avec les autres tranches de pain de mie.

Poêlez délicatement les 2 faces de pain de mie du sandwich sur une poêle chaude avec un filet d'huile d'olive pour les rendre croustillantes. Retirez les croûtes, découpez les sandwichs en quatre, montez en brochettes et dégustez aussitôt.

AGNEAU CHAMBOULA, TZATZÍKI SÉSAME SANDWICH

AGNEAU CHAMBOULA, TZATZÍKI SÉSAME SANDWICH

Préparation : 30 min Cuisson : 20 min Marinade : 12 h

INGRÉDIENTS POUR 2 SANDWICHS

LA MARINADE

2 gousses d'ail hachées
1 c. à c. de paprika
1 c. à c. de cumin
5 cl d'huile d'olive
1 c. à s. d'eau
Sel et poivre

LE TZATZÍKI

½ concombre
Quelques branches d'aneth
½ citron jaune
2 gousses d'ail
200 g de yaourt grec
Huile d'olive
Sel et poivre

LES CUISSONS ET LE MONTAGE

2 poivrons rouges
500 g d'agneau à griller (filet, selle, gigot)
2 pains hallah (pain brioché traditionnel du shabbat)
Quelques feuilles de coriandre

RÉALISATION

LA MARINADE

Mélangez tous les ingrédients de la marinade. Coupez l'agneau en morceaux, plongez-le dedans et laissez mariner au moins 12 h au frais.

LE TZATZÍKI

Taillez le concombre en tranches fines, ciselez l'aneth, pressez le citron, hachez l'ail.

Mélangez avec tous les autres ingrédients du tzatzíki et rectifiez l'assaisonnement.

LES CUISSONS

Retirez les pépins et la partie blanche des poivrons puis taillez-les en lamelles.
Dans une casserole chaude avec un filet d'huile d'olive, faites-les revenir à feu doux pendant une dizaine de minutes puis réservez.
Faites griller sur une poêle chaude ou au barbecue les morceaux d'agneau marinés pendant une dizaine de minutes.

LE MONTAGE DES SANDWICHS

Ouvrez les pains hallah en deux dans la longueur, tartinez de tzatzíki, garnissez avec les morceaux d'agneau grillés, les lamelles de poivrons rouges et des feuilles de coriandre.

AVOCADO CHEDDAR
GRILLED CHEESE

AVOCADO CHEDDAR GRİLLED CHEESE

Préparation : 15 min Cuisson : 10 min

INGRÉDIENTS POUR 1 SANDWICH

LE GUACAMOLE

1 tomate
½ petit oignon rouge
1 petit piment jalapeño
1 brin de coriandre
1 avocat
1 citron vert
½ c. à c. de cumin

LE MONTAGE

2 tranches de pain de mie
100 g de cheddar râpé
Beurre

RÉALISATION

LE GUACAMOLE

Taillez la tomate en tout petits dés. Hachez l'oignon rouge et le piment le plus finement possible.

Émincez la coriandre.

Pelez l'avocat et retirez le noyau.

Écrasez la chair à la fourchette puis ajoutez la tomate, l'oignon, le piment et la coriandre.

Versez le jus du citron vert, saupoudrez de cumin, salez et poivrez.

LE MONTAGE DU SANDWICH

Étalez le guacamole sur une des tranches de pain de mie puis ajoutez le fromage par-dessus. Refermez le sandwich.

Beurrez les 2 faces du sandwich puis faites-les griller sur une poêle chaude.

Quand la première face commence à colorer, retournez le sandwich et couvrez la poêle pour faire fondre le fromage.

Quand la deuxième face est colorée et le fromage fondu, taillez le sandwich en deux et servez chaud.

BAGEL JALAPEÑOS POULET FRIT SAUCE TARTARE

BAGEL JALAPEÑOS POULET FRIT SAUCE TARTARE

Préparation : 20 min Cuisson : 5 min

INGRÉDIENTS POUR 1 SANDWICH

LA SAUCE TARTARE

1 jaune d'œuf
1 filet de vinaigre de cidre
1 c. à s. de moutarde
10 cl d'huile neutre (arachide ou pépins de raisin)
4 brins de ciboulette
5 petits câpres
3 cornichons

LE POULET FRIT

1 haut de cuisse désossé
1 œuf
25 cl de lait
200 g de farine
1 c. à c. d'ail en poudre
1 c. à c. d'oignon en poudre
1 c. à c. de paprika
200 g de chapelure

LE MONTAGE

1 pain à bagel
1 tranche de cheddar
Huile pimentée

RÉALISATION

LA SAUCE TARTARE

Placez dans un bol le jaune d'œuf, le vinaigre, la moutarde, du sel et du poivre. Fouettez à la fourchette ou au batteur électrique en versant progressivement l'huile en filet jusqu'à ce que le mélange épaississe. Poursuivez jusqu'à épuisement de l'huile.
Émincez finement la ciboulette, les câpres et les cornichons et intégrez-les à la mayonnaise pour obtenir une sauce tartare.

LE POULET FRIT

Filmez le haut de cuisse et tapez-le avec un rouleau à pâtisserie pour l'attendrir.
Chauffez l'huile de friture dans une poêle à bords hauts. Mélangez de la farine, de l'ail et de l'oignon en poudre et du paprika dans un bol. Mélangez l'œuf et le lait dans un autre et placez la chapelure dans un dernier.

Roulez le poulet dans la farine aux épices puis dans le mélange d'œuf et de lait et enfin dans la chapelure. Plongez-le dans l'huile de friture très chaude jusqu'à ce qu'il soit bien doré et réservez sur du papier absorbant.

LE MONTAGE DU SANDWICH

Ouvrez le pain à bagel et badigeonnez les 2 parties de sauce tartare. Déposez la tranche de cheddar sur la moitié du bas et posez le poulet chaud dessus pour la faire fondre légèrement. Ajoutez des tranches de jalapeños sur le poulet avec un peu de leur huile. Refermez le pain puis dégustez.

BANH Mİ QUEEN

BANH Mİ QUEEN

Préparation : 30 min Cuisson : 7 min Marinade : 6 h

INGRÉDIENTS POUR 1 SANDWICH

LA MARINADE
200 g de bavette de bœuf
3 gousses d'ail
1 bâtonnet de citronnelle
1 c. à c. de gingembre en poudre
1 c. à s. de nuoc-mâm
1 c. à s. de sauce soja sucrée
1 c. à s. d'huile de tournesol

LES CAROTTES ET LE MONTAGE
2 carottes
1 c. à c. de sucre en poudre
1 c. à c. de vinaigre de Xérès
2 c. à s. de mayonnaise
½ concombre
½ baguette ou pain à hot dog
2 branches de coriandre
Piment d'Espelette
Sésame
Huile d'olive

RÉALISATION

LA MARINADE

Taillez la bavette en fines tranches.

Hachez les gousses d'ail et mélangez-les avec le reste des ingrédients de la marinade.

Plongez les tranches de bavette dedans puis laissez mariner 6 h au frais.

LES CAROTTES RÂPÉES

Pelez puis râpez les carottes, mélangez-les avec le sucre et le vinaigre de Xérès puis laissez mariner 30 min.

LE MONTAGE DU SANDWICH

Faites cuire le bœuf mariné 5 min dans une poêle chaude avec un filet d'huile.

Ajoutez du piment d'Espelette à la mayonnaise. Taillez le concombre en bâtonnets.

Préchauffez le four à 160 °C et placez le pain 2 min dedans pour le tiédir.

Ouvrez le pain en deux et tartinez chaque côté avec la mayonnaise pimentée.

Ajoutez les morceaux de bœuf, le concombre, les carottes râpées et la coriandre dans le sandwich.

Parsemez de graines de sésame et dégustez.

BIFTECK CHIMICHURRI SANDWICH

BİFTECK CHİMİCHURRİ SANDWİCH

Préparation : 15 min Cuisson : 10 min

INGRÉDIENTS POUR 1 SANDWICH

LA SAUCE CHIMICHURRI

4 gousses d'ail
½ bouquet de persil
5 brins de ciboulette
1 petit piment rouge
2 c. à s. d'origan séché
2 c. à s. de vinaigre de vin rouge
1 c. à c. de jus de citron
12 cl d'huile d'olive
Sel et poivre

LE PAIN, LE STEAK ET LE MONTAGE

1 pain brioché long
1 steak de 150 g
1 oignon
3 tranches de provolone
Mâche
Huile

RÉALISATION

LA SAUCE CHIMICHURRI

Pelez les gousses d'ail et hachez-les ou pressez-les au presse-ail.

Émincez le persil et la ciboulette. Ouvrez le petit piment dans la longueur, retirez les graines et la membrane blanche à l'intérieur. Taillez finement la chair rouge. Mélangez le tout avec le reste des ingrédients pour la sauce chimichurri.

LE PAIN

Allumez le four en position gril. Taillez le pain en deux dans la longueur et placez-le sur la plaque du four, la mie vers le haut. Faites griller 5 min jusqu'à ce qu'il soit doré en surveillant bien en fonction de la puissance de votre four.

LE STEAK

Taillez le steak en fines tranches de 2 cm de large. Pelez l'oignon, coupez-le en deux et taillez-le en lamelles. Faites suer l'oignon à la poêle dans un filet d'huile puis ajoutez le steak en tranches avant qu'il colore. Quand le steak est presque cuit, rassemblez-le en longueur au centre de la poêle et déposez dessus les tranches de provolone. Couvrez pour faire fondre le fromage.

LE MONTAGE DU SANDWICH

Déposez de la mâche sur la moitié du bas du pain puis versez le contenu de la poêle par-dessus. Ajoutez de la sauce chimichurri dessus à votre convenance puis refermez avec l'autre moitié du pain.

BİKİNİ TRUFFE

BIKINI TRUFFE

Préparation : 15 min Cuisson : 25 min

INGRÉDIENTS POUR 4 BIKINIS

LES CHAMPIGNONS

100 g de champignons de Paris
180 g de beurre
100 g de sauce tartufata
Huile d'olive

LE MONTAGE

8 tranches de pain de mie sans croûte
250 g de mozzarella râpée
150 g de jambon cru espagnol (Bellota, Serrano, Pata Negra)

RÉALISATION

LES CHAMPIGNONS

Hachez finement les champignons et faites-les revenir dans une casserole chaude avec 80 g de beurre et un filet d'huile d'olive, salez et poivrez. Une fois cuits et colorés, ajoutez la sauce tartufata et réservez.

LE MONTAGE DES BIKINIS

Faites fondre le beurre restant. Badigeonnez une face de chaque tranche de pain de mie avec ce beurre fondu. Répartissez le mélange de champignons à la truffe sur 4 tranches. Ajoutez une belle couche de mozzarella râpée par-dessus ainsi que quelques tranches de jambon cru. Refermez les bikinis avec le pain de mie restant.

LA CUISSON

Enveloppez chaque sandwich dans une feuille de papier sulfurisé et faites-les cuire 2 min de chaque côté dans une machine à panini ou sur une poêle chaude avec un petit poids par-dessus pour que le pain de mie soit bien au contact de la chaleur.

Sortez les bikinis du papier sulfurisé et dégustez aussitôt.

BOCADİLLOS SOUBRESSADE ET MANCHEGO

BOCADILLOS SOUBRESSADE ET MANCHEGO

Préparation : 10 min Cuisson : 15 min

INGRÉDIENTS

150 g de soubressade
1 fine baguette de pain (type ficelle)
2 c. à s. de miel
100 g de manchego découpé en tranches

RÉALISATION

Dans une petite casserole chaude, faites revenir la soubressade quelques minutes afin de la faire fondre.

Ouvrez la baguette en deux sur la longueur, tartinez les 2 faces de miel, puis de soubressade fondue.

Passez au four 3 min sur position gril.

Ajoutez le manchego en tranches par-dessus puis enfournez de nouveau et laissez fondre quelques instants. Ajoutez un tour de moulin à poivre et dégustez aussitôt.